5분만
시간 내주실래요?

5분만
시간 내주실래요?

초판 1쇄 펴낸날 ┃ 2017년 4월 12일

지은이 ┃ 차현철
편집 ┃ 김요한
디자인 ┃ 김진희
마케팅 ┃ 강성수
경영지원 ┃ 박충섭
펴낸이 ┃ 차현철

펴낸곳 ┃ 도서출판 십자가
등록번호 ┃ 제25100-2015-000096호
주소 ┃ 경기도 가평군 북면 화악산로 992-7
전화 ┃ 010-7131-7547
전자우편 ┃ chunguk9313@naver.com
페이스북 ┃ www.facebook.com/chunguk9313

ISBN 979-11-956940-1-3 03230

5분동안 펼쳐지는 구원 여정!

세 개의 원으로 푸는 성경탐구 시리즈

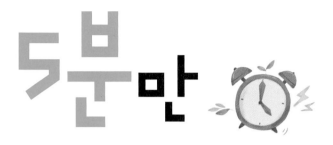

5분만 시간

| 천국코스와 삼원색의 비밀 1 |

내주실래요?

차현철 지음

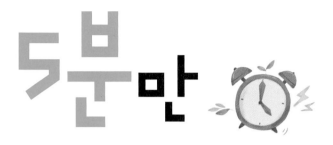
십자가
CROSSBOOKS

5분만
시간 내주실래요?

들어가는 글

많은 사람들이 색의 삼원색을 빨강. 노랑. 파랑으로 알고 있습니다. 하지만 이것은 잘못된 지식입니다. 색의 삼원색은 자홍magenta. 노랑yellow. 청록cyan입니다. 저 역시 잘못된 지식을 지니고 있다가, 얼마 전 빛의 삼원색에 관한 책을 읽고 올바른 지식을 얻게 되었습니다.

제가 잘못 생각했던 것이 또 한 가지 있습니다. 오랫동안 중독 치료병원에서 사역하며 술. 마약. 도박 등을 가장 무서운 중독으로 생각했습니다. 하지만 그 못지않게 무서운 중독이 있습니다. 그것은 돈. 외모. 건강. 이성. 자녀. 일. 명예. 권력 등에 중독되는 것입니다. 술. 마약. 도박 등에 빠져 병원에 들어온 자들은 육신과 영혼이 모두 망가진 상태이기 때문에 치료와 회개의 필요성을 느낍니다. 하지만 돈. 외모. 건강. 이성. 자녀. 일. 명예. 권력 등에 빠진 자들은 영혼은 망가져도 육신은 멀쩡해 보이기 때문에 회개의 필요성을 거의 느끼지 못합니다. 안타깝게도 이것은 불신 세상만의 이야기가 아닙니다. 지금 한국교회는 영혼은 망가졌지만 육신은 멀쩡해 보이는 교인들로 넘쳐나고 있습니다. 한국교회의 회개와 각성이 필요한 시기입니다.

《5분만 시간 내주실래요?》(천국코스와 삼원색의 비밀)은 천국코스와 세상코스를 빛의 삼원색과 색의 삼원색으로 비교하여 쉽게 설명해 주는 책입니다. 불신자에게는 전도용으로, 신자에게는 신앙진단 도구로 폭넓게 활용될 수 있습니다. 신자의 구원여정을 5분으로 압축시켜 놓았기 때문에 생략된 부분이 많습니다. 부족한 부분은 〈5분만!〉시리즈를 통해 계속 채워 나가겠습니다.

끝으로 책이 나오기까지 기도와 물질로 후원해 주신 분들께 감사드립니다. 멈추지 않고 계속 정진하겠습니다.

2017년 3월

화악산 기슭에서

1분

세상코스   천국코스

세상에는 천국코스와 세상코스가 있습니다. 천국코스는 빛의 자녀를
위해 준비된 빛의 코스입니다. 세상코스는 어둠의 자녀를 위해 준비된
어둠의 코스입니다.

먼저 천국코스에 대해 알아보겠습니다. 천국코스는 학창시절에 배운 빛의 삼원색으로 설명할 수 있습니다. 빛의 삼원색은 스스로 빛을 내는 발광의 특징을 지니고 있습니다. 빛의 삼원색은 빨강색red, 초록색green, 파랑색blue입니다.

빛의 삼원색을 모두 합하면 흰색white이 됩니다.

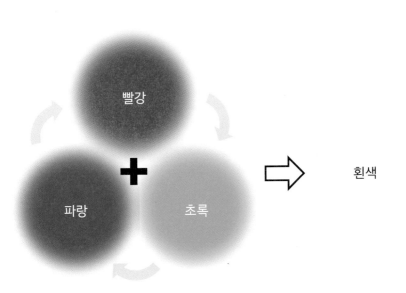

빛의 삼원색은 시계 방향의 순서를 따릅니다. 빨강색에서 출발하여 초록색과 파랑색을 경유한 후, 최종 도착지인 흰색에 이릅니다.

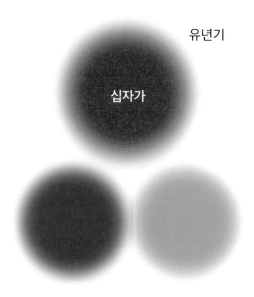

유년기

십자가

천국코스에 진입한 빛의 자녀가 첫 번째로 거하는 곳은 빨강색입니다. 빨강색은 '영적 유년기'로, 예수님의 십자가 보혈을 믿고 구원 받는 곳입니다.

"영접하는 자 곧 그 이름을 믿는 자들에게는 하나님의 자녀가 되는 권세를 주셨으니, 이는 혈통으로나 육정으로나 사람의 뜻으로 나지 아니하고 오직 하나님께로부터 난 자들이니라" 요한복음 1장 12~13절.

유년기

십자가
(구원의 확신)

빛의 자녀는 예수님을 믿고 구원 받는 과정에서 구원의 확신을 얻습니다.

"내가 그들에게 영생을 주노니 영원히 멸망하지 아니할 것이요 또 그들을 내 손에서 빼앗을 자가 없느니라" 요한복음 10장 28절.

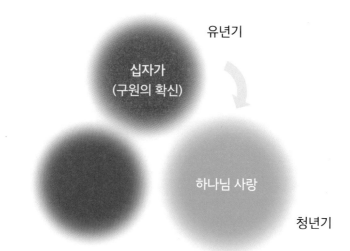

유년기

십자가
(구원의 확신)

하나님 사랑

청년기

빛의 자녀가 두 번째로 거하는 곳은 초록색입니다. 초록색은 '영적 청년기'로, 예배와 말씀을 통해 하나님 사랑을 실천하는 곳입니다.

"첫째는 이것이니, 네 마음을 다하고 목숨을 다하고 뜻을 다하고 힘을 다하여 주 너의 하나님을 사랑하라 하신 것이요" 마가복음 12장 29~30절.

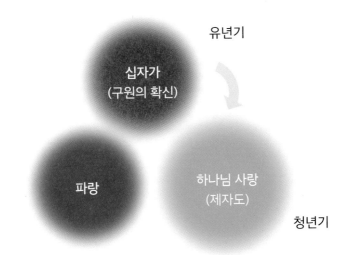

유년기

십자가
(구원의 확신)

파랑

하나님 사랑
(제자도)

청년기

빛의 자녀는 하나님 사랑을 실천하는 과정에서 제자도를 배웁니다.

"이에 예수께서 제자들에게 이르시되 누구든지 나를 따라오려거든 자기를 부

인하고 자기 십자가를 지고 나를 따를 것이니라" 마태복음 16장 24절.

구약 성경의 첫 번째 계명인 '하나님 사랑 실천'은, 신약 성경에서 '제자도'와 연결됩니다.

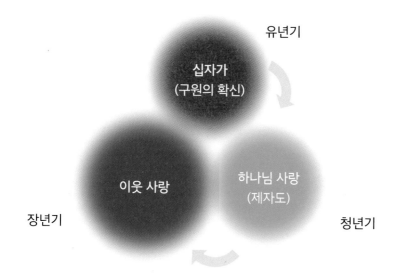

빛의 자녀가 세 번째로 거하는 곳은 파랑색입니다. 파랑색은 '영적 장년기'로, 구제와 선교를 통해 이웃 사랑을 실천하는 곳입니다.

"둘째는 이것이니 네 이웃을 네 자신과 같이 사랑하라 하신 것이라 이보다 더 큰 계명이 없느니라" 마가복음 12장 31절.

유년기

십자가
(구원의 확신)

이웃 사랑
(성령의 열매)

하나님 사랑
(제자도)

장년기

청년기

빛의 자녀는 이웃 사랑을 실천하는 과정에서 성령의 열매를 맺습니다.

"오직 성령의 열매는 사랑과 희락과 화평과 오래 참음과 자비와 양선과 충성과,

온유와 절제니 이같은 것을 금지할 법이 없느니라" 갈라디아서 5장 22~23절.

구약 성경의 두 번째 계명인 '이웃 사랑 실천'은, 신약 성경에서 '성령의 열매'와 연결됩니다.

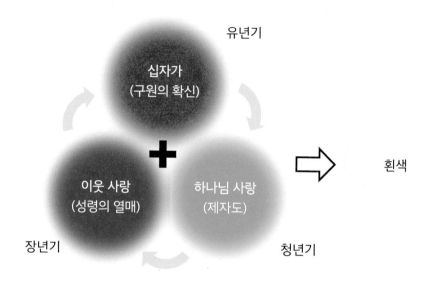

유년기

십자가
(구원의 확신)

이웃 사랑
(성령의 열매)

하나님 사랑
(제자도)

흰색

장년기

청년기

빛의 자녀가 네 번째로 거하는 곳은 처음 출발지였던 빨강색입니다.
빛의 자녀가 빨강색으로 돌아오는 순간, 빛의 삼원색은 모두 결합되어
흰색이 됩니다.

T I P

천국코스의 출발지인 빨강색은 '구원의 시작과 성취'를 상징하고, 천국코스의 도착지인 흰색
은 '구원의 완성'을 상징합니다.

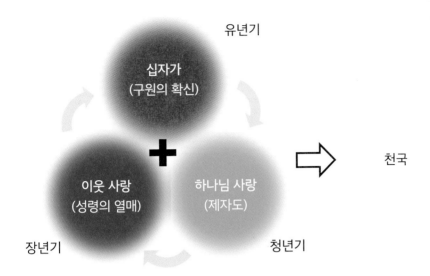

유년기

십자가
(구원의 확신)

천국

이웃 사랑
(성령의 열매)

하나님 사랑
(제자도)

장년기

청년기

천국코스의 최종 도착지는 흰색입니다. 흰색은 하늘나라 천국을 상징
합니다.

2분

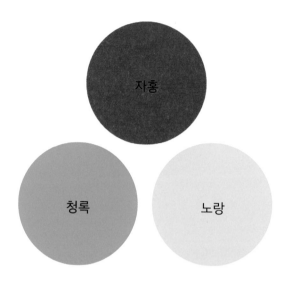

이번에는 세상코스에 대해 알아보겠습니다. 세상코스는 학창시절에 배운 색의 삼원색으로 설명할 수 있습니다. 색의 삼원색은 자홍색 magenta, 노란색 yellow, 청록색 cyan입니다.

많은 사람들이 자홍색을 빨강색과 혼동하고, 청록색을 파랑색과 혼동하고 있습니다.

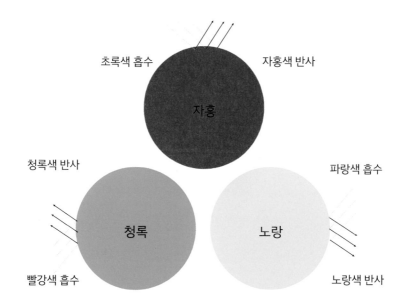

초록색 흡수   자홍색 반사

자홍

청록색 반사   파랑색 흡수

청록   노랑

빨강색 흡수   노랑색 반사

색의 삼원색은 빛의 삼원색처럼 스스로 빛을 내지 못하고, 빛의 '흡수'와 '반사'에 의존하여 색을 만들어 냅니다.

태양이나 조명처럼 스스로 빛을 내지 못하는 물체는 외부로부터 온 빛을 반사하지 않으면 눈으로 볼 수 없습니다. 예를 들어 초록색 잎은 태양에서 나온 빛(백색광)에서 초록색 이외의 빛을 모두 흡수하고, 초록색 빛을 반사하기 때문에 초록색으로 보이는 것입니다.

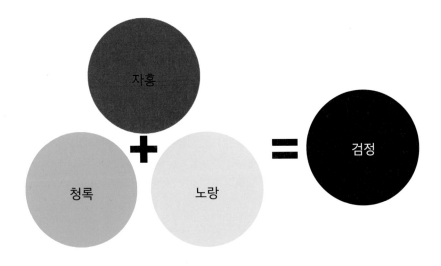

색의 삼원색을 모두 합하면 검정색black이 됩니다. 검정색은 빛의 삼원

색이 모두 흡수(결핍)된 상태입니다(흰색−빨강−초록−파랑=검정).

TIP

기독교를 대표하는 신학자 어거스틴(St. Augustine)은 죄를 '선의 결핍'으로 이해합니다. 이

를 근거로, 죄를 상징하는 어둠을 '빛의 흡수로 인한 결핍'으로 이해할 수 있습니다.

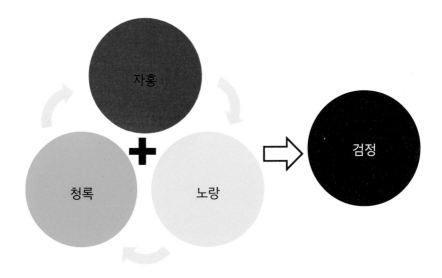

색의 삼원색도 빛의 삼원색처럼 시계 방향의 순서를 따릅니다. 자홍색
에서 출발하여 노란색과 청록색을 경유한 후, 최종 도착지인 검정색에
이릅니다.

세상코스에 진입한 어둠의 자녀가 첫 번째로 거하는 곳은 빨강색과 유사해 보이는 자홍색magenta입니다. 자홍색은 '죄의 유년기'로, 인간이 여러 가지 욕심에 미혹되어 죄를 낳는 곳입니다.

"각 사람이 시험을 받는 것은 자기 욕심에 끌려 미혹됨이니, 욕심이 잉태한즉 죄를 낳고 죄가 장성한즉 사망을 낳느니라" 야고보서 1장 14~15절.

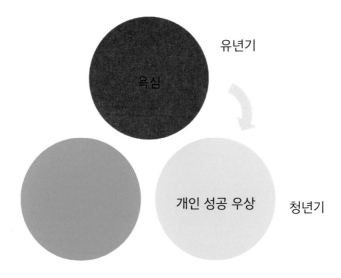

유년기

욕심

개인 성공 우상

청년기

어둠의 자녀가 두 번째로 거하는 곳은 노란색입니다. 노란색은 '죄의 청년기'로, 인간이 개인의 성공을 우상으로 섬기는 곳입니다. 개인의 성공 우상은 돈. 외모. 건강. 학력. 이성 등에 집착하다 중독에 이른 것을 의미합니다. 중독은 탐심에서 비롯된 우상 숭배와 유사한 개념입니다.

"그러므로 땅에 있는 지체를 죽이라 곧 음란과 부정과 사욕과 악한 정욕과 탐심이니 탐심은 우상 숭배니라" 골로새서 3장 5절.

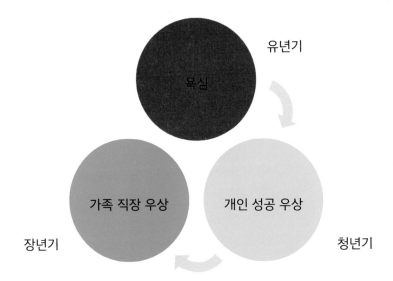

어둠의 자녀가 세 번째로 거하는 곳은 파랑색과 유사해 보이는 청록색 cyan입니다. 청록색은 '죄의 장년기'로, 인간이 가족과 직장을 우상으로 섬기는 곳입니다. 가족과 직장 우상은 자녀 교육. 내 집 확장. 일. 승진. 명예. 권력 등에 집착하다 중독에 이른 것을 의미합니다.

"어떤 사람이 큰 잔치를 베풀고 많은 사람을 청하였더니 … 한 사람은 이르되 나는 밭을 샀으매 나가 보아야 하겠으니 양해하도록 하라 하고 … 또 한 사람은 이르되 나는 장가 들었으니 가지 못하겠노라 하는지라 … 집 주인이 노하여 이르되 그 사람들은 하나도 내 잔치를 맛보지 못하리라" 누가복음 14장 16~24절.

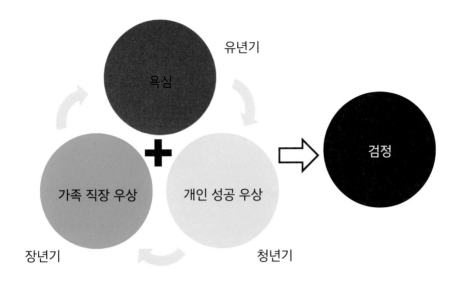

어둠의 자녀가 네 번째로 거하는 곳은 처음 출발지였던 자홍색 magenta 입니다. 어둠의 자녀가 자홍색으로 돌아오는 순간, 색의 삼원색은 모두 결합되어 검정색이 됩니다.

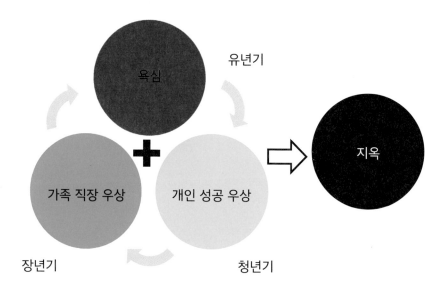

세상코스의 최종 도착지는 검정색입니다. 검정색은 지옥을 상징합니다.

"한번 죽는 것은 사람에게 정해진 것이요 그 후에는 심판이 있으리니" 히브리서 9장 27절.

3분

십자가
(구원의 확신)

이웃 사랑
(성령의 열매)

하나님 사랑
(제자도)

이번에는 천국코스를 지배하는 빛의 삼원색의 결합 과정을 살펴보겠습니다.

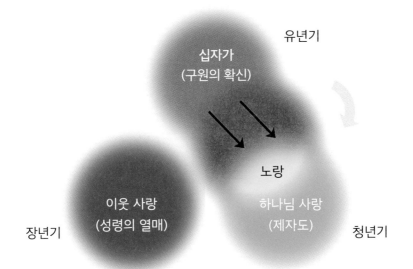

'예수 그리스도의 십자가 보혈'을 상징하는 빨강색에 거하는 빛의 자녀
는, '하나님 사랑 실천'을 상징하는 초록색으로 나아가는 과정에서 노
란색을 만들어 냅니다.

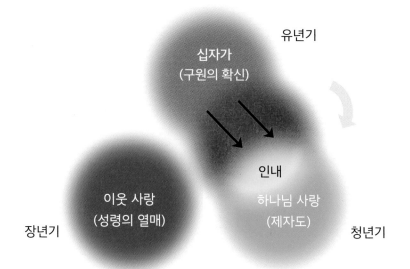

유년기

십자가
(구원의 확신)

인내

이웃 사랑
(성령의 열매)

하나님 사랑
(제자도)

장년기

청년기

세상코스의 노란색은 개인의 성공 우상을 상징합니다. 하지만 천국코스에서 만들어진 노란색은 '인내'를 상징합니다. 빛의 자녀는 인내를 배우는 과정에서 영적 청년기로 성장할 수 있는 힘을 얻습니다.

"이는 너희 믿음의 시련이 인내를 만들어 내는 줄 너희가 앎이라, 인내를 온전히 이루라 이는 너희로 온전하고 구비하여 조금도 부족함이 없게 하려 함이라"
야고보서 1장 3~4절.

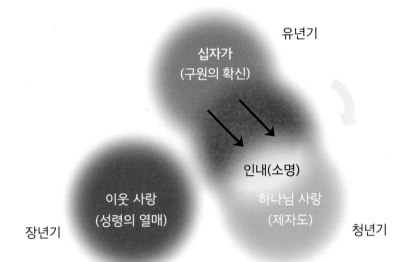

빛의 자녀는 하나님 말씀에 순종하며 인내하는 과정에서 '소명Calling'을 받습니다. 소명은 '사명의 부르심'을 의미합니다. 사명의 부르심을 따르는 빛의 자녀는 예수 그리스도의 제자로 세워질 수 있습니다.

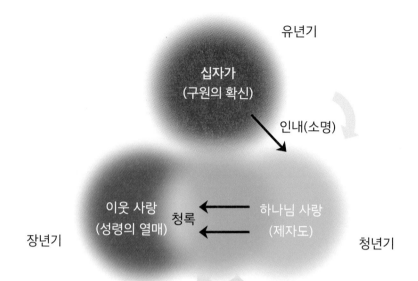

유년기

십자가
(구원의 확신)

인내(소명)

이웃 사랑
(성령의 열매)

청록

하나님 사랑
(제자도)

장년기

청년기

초록색에 안착한 빛의 자녀는, '이웃 사랑 실천'을 상징하는 파랑색으로 나아가는 과정에서 청록색을 만들어 냅니다.

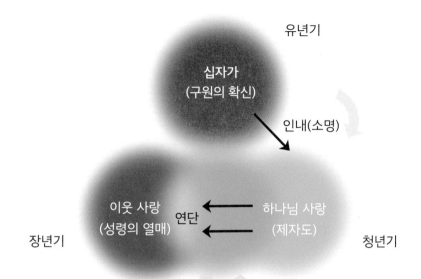

세상코스의 청록색은 가족과 직장 우상을 상징합니다. 하지만 천국코스에서 만들어진 청록색은 '연단'을 상징합니다. 인내를 통해 영적 청년기로 성장한 빛의 자녀는 연단을 통해 영적 장년기로 성장할 수 있는 힘을 얻습니다.

"우리가 환난 중에도 즐거워하나니 이는 환난은 인내를, 인내는 연단을, 연단은 소망을 이루는 줄 앎이로다" 로마서 5장 3~4절.

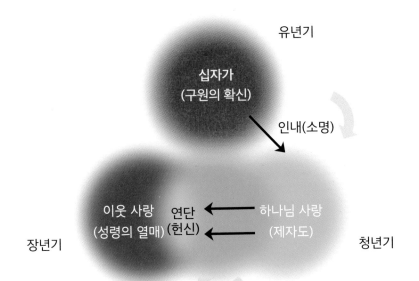

유년기

십자가
(구원의 확신)

인내(소명)

이웃 사랑　연단　하나님 사랑
(성령의 열매)(헌신)　(제자도)

장년기

청년기

빛의 자녀는 연단을 통해 사역자로 세워지는 과정에서 '헌신'의 자리로
나아갑니다. 헌신은 교회의 머리 되신 그리스도를 본받아 지체를 섬기
며 성도를 온전케 하는 것입니다.

"그가 어떤 사람은 사도로, 어떤 사람은 선지자로, 어떤 사람은 복음 전하는 자
로, 어떤 사람은 목사와 교사로 삼으셨으니, 이는 성도를 온전하게 하여 봉사
의 일을 하게 하며 그리스도의 몸을 세우려 하심이라" 에베소서 4장 11~12절.

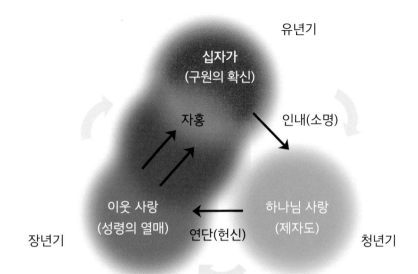

파랑색에 안착한 빛의 자녀는, '예수 그리스도의 십자가 보혈'을 상징하는 빨강색으로 다시 돌아가는 과정에서 자홍색을 만들어 냅니다.

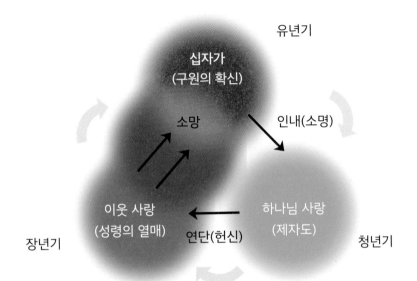

세상코스의 자홍색은 여러 가지 세상 욕심에 미혹되는 것을 상징합니다. 하지만 천국코스에서 만들어진 자홍색은 '천국 소망'을 상징합니다. 연단을 통해 영적 장년기로 성장한 빛의 자녀는 영생의 소망과 함께 천국 상급을 기다립니다.

"우리로 그의 은혜를 힘입어 의롭다 하심을 얻어 영생의 소망을 따라 상속자가 되게 하려 하심이라" 디도서 3장 7절.

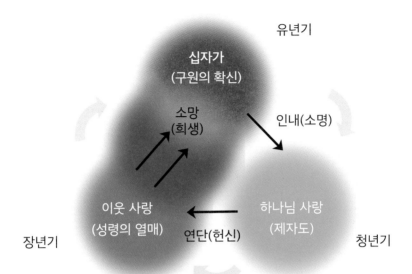

빛의 자녀는 천국 소망을 통해 '희생'의 자리까지 나아갑니다. 이웃 사랑 실천의 최고봉은 복음을 전파하다 순교하는 것입니다.

"내가 달려갈 길과 주 예수께 받은 사명 곧 하나님의 은혜의 복음을 증언하는 일을 마치려 함에는 나의 생명조차 조금도 귀한 것으로 여기지 아니하노라" 사도행전 20장 24절.

지상 사역을 마치고 빨강색으로 돌아온 빛의 자녀는 삼원색의 결합을 통해 흰색을 만들어 냅니다.

천국

빛의 삼원색이 결합 과정을 모두 끝내면 천국을 상징하는 흰색만 남습니다. 빛의 자녀는 천국에서 영생을 누리며 예수님과 함께 영원토록 왕 노릇하는 권세를 얻습니다.

"다시 밤이 없겠고 등불과 햇빛이 쓸 데 없으니 이는 주 하나님이 그들에게 비치심이라 그들이 세세토록 왕 노릇 하리로다" 요한계시록 22장 5절.

4분

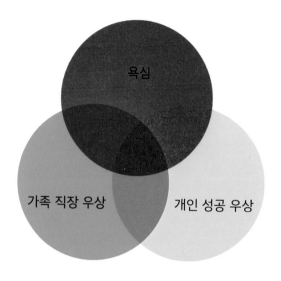

이번에는 세상코스를 지배하는 색의 삼원색의 결합 과정을 살펴보겠습니다.

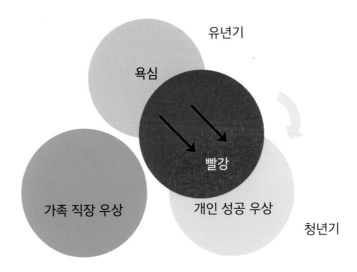

'욕심'을 상징하는 자홍색에 거하는 어둠의 자녀는, '개인 성공 우상'을
상징하는 노란색으로 나아가는 과정에서 빨강색을 만들어 냅니다.

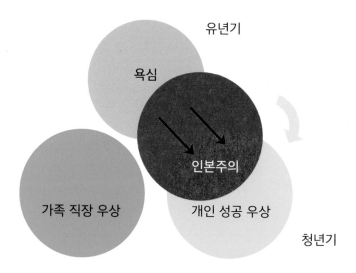

유년기

욕심

인본주의

가족 직장 우상

개인 성공 우상

청년기

천국코스의 빨강색은 '예수 그리스도의 십자가 보혈(구원의 확신)'을 상징합니다. 하지만 세상코스에서 만들어진 빨강색은 인본주의를 상징합니다. 인본주의는 인간의 원죄와 예수님의 십자가 구속 사역을 부정합니다.

"모든 사람이 죄를 범하였으매 하나님의 영광에 이르지 못하더니, 그리스도 예수 안에 있는 속량으로 말미암아 하나님의 은혜로 값없이 의롭다 하심을 얻은 자 되었느니라" 로마서 3장 23~24절.

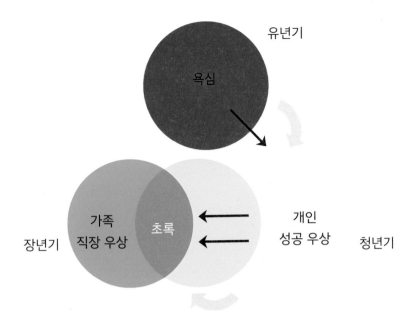

'개인 성공 우상'을 상징하는 노란색에 거하는 어둠의 자녀는, '가족 직
장 우상'을 상징하는 청록색으로 나아가는 과정에서 초록색을 만들어
냅니다.

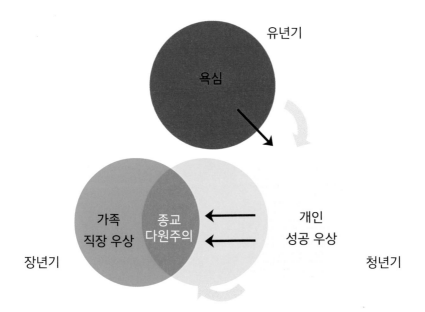

유년기

욕심

가족
직장 우상

종교
다원주의

개인
성공 우상

장년기

청년기

천국코스의 초록색은 '하나님 사랑 실천(제자도)'를 상징합니다. 하지만 세상코스에서 만들어진 초록색은 '종교 다원주의'를 상징합니다. 종교 다원주의는 타 종교에도 구원이 있다고 주장합니다.

"예수께서 이르시되 내가 곧 길이요 진리요 생명이니 나로 말미암지 않고는 아버지께로 올 자가 없느니라" 요한복음 14장 6절.

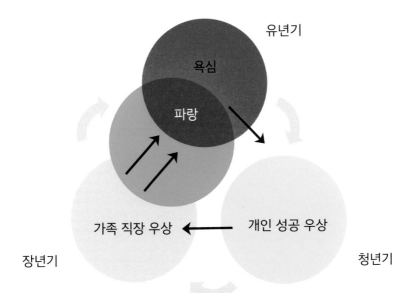

'가족 직장 우상'을 상징하는 청록색에 거하는 어둠의 자녀는, '세상 욕심'을 상징하는 자홍색으로 다시 돌아가는 과정에서 파랑색을 만들어 냅니다.

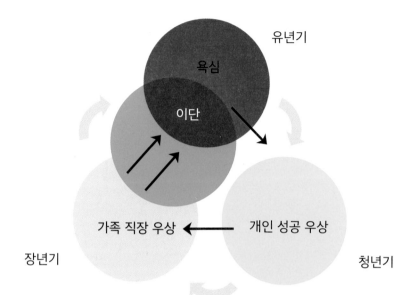

천국코스의 파랑색은 '이웃 사랑 실천(성령의 열매)'를 상징합니다. 하지만 세상코스에서 만들어진 파랑색은 '이단'을 상징합니다. 이단은 거짓과 불의의 열매를 맺습니다.

"거짓 선지자들을 삼가라 양의 옷을 입고 너희에게 나아오나 속에는 노략질하는 이리라. 그들의 열매로 그들을 알지니 가시나무에서 포도를, 또는 엉겅퀴에서 무화과를 따겠느냐. 이와 같이 좋은 나무마다 아름다운 열매를 맺고 못된 나무가 나쁜 열매를 맺나니. 좋은 나무가 나쁜 열매를 맺을 수 없고 못된 나무가 아름다운 열매를 맺을 수 없느니라" 마태복음 7장 15~18절.

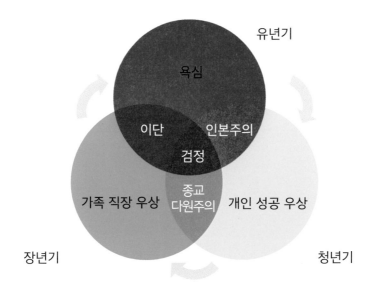

유년기

욕심

이단 인본주의

검정

가족 직장 우상 종교 다원주의 개인 성공 우상

장년기 청년기

세상의 재물과 우상을 섬기다가 자홍색으로 돌아온 어둠의 자녀는, 삼
원색의 결합을 통해 검정색을 만들어 냅니다.

지옥

색의 삼원색어 결합 과정을 모두 끝내면 지옥을 상징하는 검정색만 남습니다. 어둠의 자녀는 지옥에서 영원토록 고통 받습니다.

5분

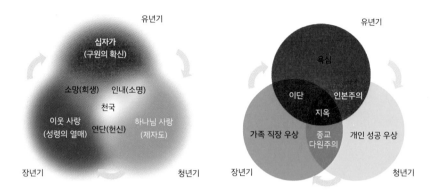

지금 당신은 빛의 삼원색이 지배하는 천국코스에 거하고 있습니까? 아니면 색의 삼원색이 지배하는 세상코스에 거하고 있습니까?

만약 당신이 빛의 삼원색이 지배하는 천국코스에 거하고 있다면 지금 어느 색에 머물고 있습니까?

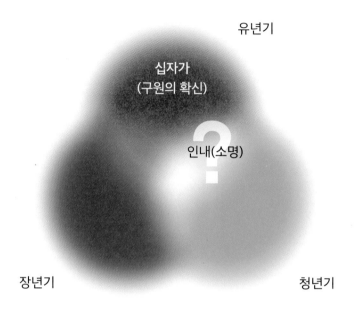

만약 빛의 자녀에게 소명(사명의 부르심)이 없다면, 아직까지 인내의 과정을 통과하지 못하고 빨강색에 머무는 것으로 볼 수 있습니다. 이들은 사역자나 리더Leader로 세워질 수 없습니다.

"형제들아 내가 신령한 자들을 대함과 같이 너희에게 말할 수 없어서 육신에 속한 자 곧 그리스도 예수 안에서 어린 아이들을 대함과 같이 하노라, 내가 너희를 젖으로 먹이고 밥으로 아니하였노니 이는 너희가 감당하지 못하였음이거니와 지금도 못하리라" 고린도전서 3장 1~2절.

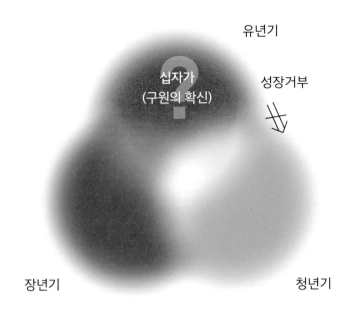

유년기

십자가
(구원의 확신)

성장거부

장년기

청년기

영적 유년기인 빨강색에 머물기를 고집하며 믿음의 성장을 거부하는 자들은 구원의 확신마저 잃고 육신의 자녀로 전락할 수 있습니다.

"그러므로 형제들아 우리가 빚진 자로되 육신에게 져서 육신대로 살 것이 아니니라, 너희가 육신대로 살면 반드시 죽을 것이로되 영으로써 몸의 행실을 죽이면 살리니" 로마서 8장 12~13절.

유년기

십자가
(구원의 확신)

징계

인내(소명)

하나님 사랑
(제자도)

장년기

청년기

하나님은 믿음의 성장을 거부하는 자들을 구원하기 위해 '징계'의 도구를 사용하십니다. 징계는 영적 유년기에 머물기를 고집하는 자들이 인내와 소명의 자리로 나아갈 수 있는 힘을 줍니다.

> "내 아들아 주의 징계하심을 경히 여기지 말며 그에게 꾸지람을 받을 때에 낙심하지 말라, 주께서 그 사랑하시는 자를 징계하시고 그가 받아들이시는 아들마다 채찍질하심이라 하였으니" 히브리서 12장 5~6절.

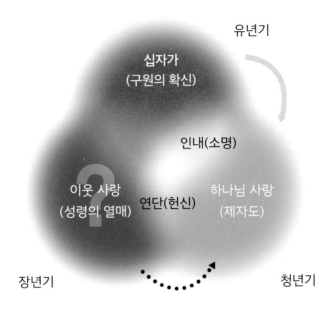

유년기

십자가
(구원의 확신)

인내(소명)

이웃 사랑
(성령의 열매)

연단(헌신)

하나님 사랑
(제자도)

장년기

청년기

사역자로 세워진 빛의 자녀가 이웃 사랑을 실천하는 과정에서 성령의 열매를 맺지 못하면, 영적 청년기로 다시 돌아가 하나님 사랑 실천과 제자도를 배워야 합니다.

"너희가 너희를 사랑하는 자를 사랑하면 무슨 상이 있으리요 세리도 이같이 아니하느냐, 또 너희가 너희 형제에게만 문안하면 남보다 더하는 것이 무엇이냐 이방인들도 이같이 아니하느냐" 마태복음 5장 46~47절.

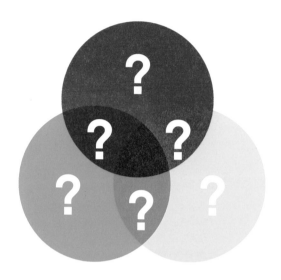

만약 당신이 색의 삼원색이 지배하는 세상코스에 거하고 있다면, 지금
어느 색에 머물고 있습니까?

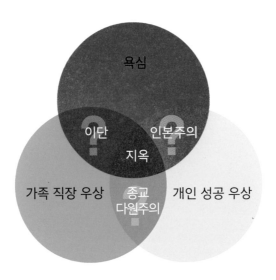

어둠의 자녀도 때로는 빛의 삼원색(빨강.초록.파랑)을 모방하며 빛의 자녀처럼 보일 수 있습니다. 하지만 죄의 실체인 우상 숭배와 중독의 힘에 이끌려 최종 도착지인 지옥에 이를 수밖에 없습니다.

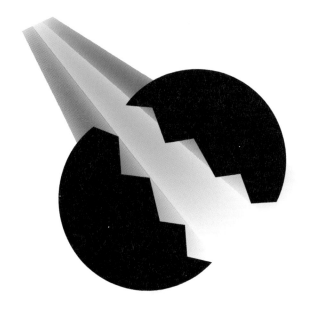

세상코스에 거하는 어둠의 자녀는 지옥에 이르기 전에 빛의 삼원색이 지배하는 천국코스로 갈아탈 수 있는 용기가 필요합니다. 하나님은 어둠의 자녀도 회개하고 구원 받기 원하십니다.

"주의 약속은 어떤 이들이 더디다고 생각하는 것 같이 더딘 것이 아니라, 오직 주께서는 너희를 대하여 오래 참으사 아무도 멸망하지 아니하고 다 회개하기에 이르기를 원하시느니라" 베드로후서 3장 9절.

하나님은 당신을 사랑하시고 당신을 향한 놀라운 계획을 가지고 있습니다. 아직까지 세상코스에 거하고 있다면, 건강한 교회에 나가 예수님을 믿고 구원받으시기 바랍니다.

"하나님이 세상을 이처럼 사랑하사 독생자를 주셨으니 이는 그를 믿는 자마다

멸망하지 않고 영생을 얻게 하려 하심이라" 요한복음 3장 16절.

벌써 5분이 지났군요. 소중한 시간 내 주셔서 감사합니다.
다음에 또 찾아뵙겠습니다.